BEI GRIN MACHT SICH IHR WISSEN BEZAHLT

- Wir veröffentlichen Ihre Hausarbeit, Bachelor- und Masterarbeit

- Ihr eigenes eBook und Buch - weltweit in allen wichtigen Shops

- Verdienen Sie an jedem Verkauf

Jetzt bei www.GRIN.com hochladen und kostenlos publizieren

Trainingsplanerstellung für das Krafttraining

Josefine Bail

Bibliografische Information der Deutschen Nationalbibliothek:

Die Deutsche Nationalbibliothek verzeichnet diese Publikation in der Deutschen Nationalbibliografie; detaillierte bibliografische Daten sind im Internet über http://dnb.d-nb.de abrufbar.

ISBN: 9783346763525
Dieses Buch ist auch als E-Book erhältlich.

Druck und Bindung: Books on Demand GmbH, Norderstedt Germany
Gedruckt auf säurefreiem Papier aus verantwortungsvollen Quellen

Das vorliegende Werk wurde sorgfältig erarbeitet. Dennoch übernehmen Autoren und Verlag für die Richtigkeit von Angaben, Hinweisen, Links und Ratschlägen sowie eventuelle Druckfehler keine Haftung.

Das Buch bei GRIN: https://www.grin.com/document/1297096

Deutsche Hochschule für

Prävention und Gesundheitsmanagement

Hermann-Neuberger-Sportschule

Hausarbeit

Name, Vorname	Bail, Josefine
Studiengang	BFÖ
Studienmodul	Trainingslehre I
Datum Präsenzphase (siehe Ergebnisdokumentation)	14.02 – 17.02.2022

Inhaltsverzeichnis

1 Diagnose

Das Eingangsgespräch steht am Anfang jeder Trainingsplanung. In diesem Gespräch werden sowohl möglichst viele relevante biometrische (Körpergewicht,Größe und Blutdruck) als auch allgemeine Daten (Alter, Geschlecht, etc.) des Kunden gesammelt. Ein weiterer wichtiger Bestandteil des Eingangsgespräch ist das Erfragen der aktuellen Leistungsfähigkeit und des Gesundheitszustandes. Hierbei sind vor allem Risikofaktoren und die eventuelle Einnahme von Medikamenten zu beachten. Wünsche, Trainingsmotive und die zeitliche Verfügbarkeit sind ebenso wichtige Informationen, um den Trainingsplan perfekt an den Kunden und seinen Alltag anzupassen. In der nachfolgenden Tabelle sind biometrische und allgemeine Daten der ausgewählten Testperson aufgelistet.

1.1 Allgemeine und biometrische Daten

Tabelle1: Allgemeine und biometrische Daten (eigene Darstellung)

ALTER	23 JAHRE
GESCHLECHT	Männlich
KÖRPERGRÖßE	183 cm
KÖRPERGEWICHT	75Kg
TRAININGSMOTIV	Fit bleiben, abschalten, Stress reduzieren
ZIEL	Muskelaufbau, Kraftsteigerung, das eigene Körpergewicht oder mehr bewegen können
BERUFLICHE TÄTIGKEIT	Vollzeitstudent, sitz viel, Stress 8 auf einer Skala von 1 bis 10
AKTUELLE SPORTLICHE TÄTIGKEITEN (INKL. LEISTUNGSSTUFE & TRAININGSUMFANG)	Fitness – Zuhause und im Fitnessstudio ab 18. Lebensjahr Maschinengeführtes Training, Joggen Leistungsstufe: geübt Trainingsumfang: 4x/Woche

1

FRÜHERE SPORTLICHE TÄTIGKEITEN (INKL. LEISTUNGSSTUFE & TRAININGSUMFANG)	Fußball 7.-17. Lebensjahr Leistungsstufe: Landesklasse Trainingsumfang: 3x/Woche Training 1x/Woche Spiel
VERFÜGBARE ZEIT	Drei bis vier Mal pro Woche, Tageszeit variiert
ALLGEMEINER GESUNDHEITSZUSTAND:	Sehr gut
BLUTDRUCK	119 (mm Hg)/ 79(mm Hg)
ORTHOPÄDISCHE PROBLEME?	Keine
INTERNISTISCHE PROBLEME?	Keine
IN ÄRZTLICHER BEHANDLUNG?	Nein
EINNAHME VON MEDIKAMENTEN?	Nein
SONSTIGE PROBLEME (Z. B. RÜCKENSCHMERZEN, KNIESCHMERZEN, ETC.)	Nein

Der Proband ist vollkommen belastbar, seine allgemeinen und biometrische Daten sind sehr gut und schränken ihn in keiner Weise ein. Sein Blutdruck liegt mit den Werten von 119/79 mmHg im optimalen Bereich der Normotonie. Daraus folgt die problemlose Erstellung eines Trainingsplanes mit vollem Fokus auf die Ziele und Wünsche des Probanden.

Tabelle 2: Blutdruckklassifikationen der American Heart Association (Tab.83: Eifler 2021 (modifiziert nach Mancia et al.,2013, S. 1286)

Kategorie	Systolisch	Diastolisch
	Normblutdruck	**(Normotonie)**
Optimal	<120 mmHg	<80 mmHg
Normal	120-129 mmHg	80-84 mmHg
Hoch normal	130-139 mmHg	85-89 mmHg
	Bluthochdruck	**(arterielle Hypertonie)**
Stufe I	140-159 mmHg	90-99 mmHg
Stufe II	160-179 mmHg	100-109 mmHg
Stufe III	>179 mmHg	>109 mmHg

1.2 Krafttestung

1.2.1 Auswahl des Testverfahrens

Um eine Über- bzw. Unterbelastung der Testperson während des Trainings zu vermeiden und einen Trainingsplan nach seinen Wünschen zu erstellen, ist es erforderlich, die Trainingsintensität durch ein geeignetes Krafttestverfahren zu bestimmen. Durch dieses Vorgehen sollen Verletzungen im aktiven und passiven Bewegungssystem vermieden und zugleich das Erreichen der Trainingsziele und Wünsche des Probanden sichergestellt werden. Meine ausgewählte Testperson hat in dem Bereich Fitness ca. 5 Jahre Trainingserfahrung, trainiert regelmäßig 3 Mal pro Woche für ein bis zwei Stunden und kann daher als Geübter eingestuft werden. Aufgrund dessen ist die Eingewöhnungsphase an die Geräte über zwei Wochen überflüssig. Ich habe mich für die ILB-Methode entschieden, sie wurde speziell für den Fitness- und Gesundheitssport entwickelt (Eifler, 2000) Mit dieser Methode soll das passende Gewicht für die ausgewählten Übungen, bei bestimmter Wiederholungsanzahl ermittelt werden (Zimmer, 1999)

1.2.2 Testablauf

Bevor mit dem Test begonnen wird, führen wir eine allgemeine Aufwärmphase durch. Durch die Erwärmung der Körpertemperatur steigt die körperliche & psychische Leistungsbereitschaft. Somit ist der Proband nach dem Aufwärmen motivierter und kommt in Fahrt. Hauptsächlich geht es aber darum, dass Gelenkschmiere produziert wird, der Ablauf der nervalen Erregungsprozesse beschleunigt und damit Reaktions- & Konzentrationsgeschwindigkeit ansteigt. Das Herz-Kreislauf-System wird angeregt, die Herzfrequenz erhöht sich und der Blutdruck steigt (Eifler, 2013)

Als Zweites folgt ein muskelspezifisches Aufwärmen, um die Muskeln und Gelenke auf den folgenden Bewegungsablauf vorzubereiten. So werden die beanspruchten Muskeln mehr durchblutet und die Energiebereitstellung in den Muskeln verbessert. Hierbei wird die auszuführende Übung mit einem nach dem individuellen Empfinden des Probanden leichtem Gewicht durchgeführt. Es wird empfohlen, zwei Sätze á zehn Wiederholungen durchzuführen.

Nachdem beide Aufwärmphasen korrekt durchgeführt wurden, ist der Proband komplett aufgewärmt und motiviert, um mit dem Test zu starten.Die Ergebnisse des Tests werden später in die verschiedenen Zyklen übernommen.

Für einen Makrozyklus wird mit vier Mesozyklen geplant. Ein Mesozyklus besteht wiederum aus mehreren Mikrozyklen. Der erste Mesozyklus meines Probanden bezieht sich auf die Kraftausdauer und geht über sechs Wochen.

Dabei werden pro Übung drei Sätze mit je 20 Wiederholungen durchgeführt. Zwischen den Sätzen werden Pausen von c.a. zwei min eingelegt, damit sich der Muskel in der Zwischenzeit teilweise regenerieren kann und somit einem Leistungsabfall vorgebeugt wird.

Im Ersten der drei Sätze legt der Trainer ein Gewicht fest, welches nach seinem Empfinden machbar für den Probanden ist und eine ausreichende, aber auch nicht zu starke, Belastung darstellt.

Wenn der erste Satz mit 20 Wiederholungen durchgeführt wurde, entscheidet der Trainer zusammen mit dem Kunden, ob das Gewicht ausreichend ist, weiter gesteigert werden soll oder gar zu schwer eingeschätzt wurde. Eine Steigerung des Gewichts erfolgt, wenn die letzte der 20 Wiederholungen ohne Anstrengungen erbracht wurde. Der Test gilt als erfolgreich abgeschlossen, wenn die 20. Wiederholung gerade so und mit den letzten Kraftreserven vollbracht wurde. (Marschall, 1999) Es sollten maximal drei Testsätze absolviert werden, um ein reales Ergebnis zu bekommen. Um die Kraftwerte des Tests auf das Training zu übernehmen ist es wichtig, genau diese Übungen in das Training einzubauen, denn die ermittelten Gewichte sind nicht zu 100 % auf andere Übungen mit derselben Muskelzielgruppe anwendbar.

Zwar hat mein Proband schon einige Jahre Trainingserfahrung, jedoch beschränkt sich diese größtenteils auf maschinengeführtes Training, weshalb er sich nun dazu entschieden hat, freie Übungen mit in sein Training zu integrieren. Daher starten wir vorerst primär mit mehrgelenkigen, maschinengeführten Übungen (z. B. Beinpresse, Rudern und Schulterdrücken) und und fahren anschließend mit eher freien, mehrgelenkigen Übungen fort. Da mehrgelenkige Übungen eine frühzeitige Ermüdung der Muskeln (insbesondere der Synergisten) vorbeugen, werden diese vermehrt zu Beginn des Trainings eingesetzt. Synergisten sind die sogenannten Hilfsmuskeln. Sie unterstützten die Bewegung eines anderen Muskels. Um neben der Ausdauer auch die Koordination der Muskeln zu verbessern, werden zudem primär frei auszuführende Übungen, wie bspw. Kniebeuge und Bankdrücken, in den Trainingsplan integriert. Bei diesen Übungen wird außerdem ein großer Anteil der Gesamtmuskulatur beansprucht. Letztendlich ist dieser Ansatz besonders sinnvoll, da mit verringerter Anzahl an Übungen ein breites Spektrum an verschiedenen Muskelgruppen trainiert werden

1.2.3 Übersicht der Übungen

Tabelle.3: Ergebnisse des X-RM-Tests des Probanden (eigene Darstellung)

TESTÜBUNGEN	WIEDERHOLUNGEN	1. SATZ	2. SATZ	3. SATZ
BEINPRESSE	20	90 Kg	100Kg	110Kg
RUDERN AN DER MASCHINE	20	50Kg	60Kg	65Kg
SCHULTERDRÜCKEN AN DER MASCHINE	20	35Kg	45Kg	-
KNIEBEUGE AN DER LANGHANTEL	20	60Kg	65Kg	70 kg

BANKDRÜCKEN	20	50Kg	60 kg	62,5 kg
LATZIEHEN AN DER MASCHINE	20	55Kg	60Kg	-
BEINBEUGER AN DER MASCHINE SITZEND	20	60 kg	70 kg	75 kg
BIZEPS-MASCHINE	20	35 kg	40 kg	-
TRIZEPSDRÜCKEN AN DER MASCHINE	20	20 kg	25 kg	-

1.2.4 Konsequenzen für die Trainings-Planung & -steuerung

Die Werte des Tests werden gemäß der Leistungsstufe auf das Training übertragen. Der Proband wird als geübter eingestuft, trainiert also mit einer Intensität von 60 % - 80 % des ermittelten Wertes. Er beginnt mit einer geringeren Intensität im ersten Mesozyklus und steigert sich im Training. Die Leistungsfähigkeit wird gesteigert, indem mithilfe dieses Vorgehens trainingswirksame Reize gesetzt werden. Nach jedem Mesozyklus wird ein neuer X-RM-Testdurchgeführt, da sich der Umfang und die Intensität in jedem Zyklus ändert. Das Training kann so genau angepasst und die Ziele des Probanden besser erreicht werden.

2 Zielsetzung und Prognose

Tabelle 4: Zielsetzung

ZIEL	ZIELINHALT	ZEITZIEL
STEIGERUNG DER MAXIMALKRAFT	• Eine Wdh. mit 80 Kg Bankdrücken • Eine Wdh. mit 90 Kg Kniebeuge an der Langhantel	4 Monate
MUSKELAUFBAU	+5 Kg +2 cm Bizepsumfang +4 cm Oberschenkelumfang	6 Monate
STRESSREDUKTION	Skala 1–10, von 8 auf 6 senken	4 Monate

Das Hauptziel meines Probanden ist die Steigerung der Maximalkraft und der Aufbau von Muskeln. Um das zu erreichen, liegt der Fokus im Training auf dem Hypertrophietraining und einem klassischen Muskelaufbautraining, um das Dickenwachstum zu fördern. Durch das Hypertrophiertraining vergrößern sich die Muskelfasern. (Friedmann, 2007)

Durch die vorhandene Erfahrung, braucht mein Proband keine Eingewöhnungsphase mehr, trotzdem wird der erste Mesozyklus aus einem Muskelausdauertraining bestehen. Der Grund dafür ist die Vorbereitung auf die folgenden Mesozyklen, in denen seine Muskeln mit wesentlich höherem Gewicht belastet werden. Das Laktat in den Muskeln kann sich bei einer höheren Anzahl an Wiederholungen anhäufen und dadurch kommt es zum sogenannten Muskelversagen. Die Wiederholung kann aufgrund der Übersäuerung der Muskulatur und durch fehlende Energiezufuhr sowie fehlender Abtransport von Schadstoffen nicht mehr stattfinden. Es kommt zur Erschöpfung und zum Muskelversagen. So kann die Säuretoleranz gesteigert und verzögert werden. Später kann er mit höheren Intensitäten im Krafttraining trainieren. Außerdem wird durch das Kraftausdauertraining die Kapilarisierung gefördert und der Energiefluss gezielt verbessert. Unter Kapillarisierung versteht man die Sauerstoffversorgung der Muskelfasern. Als zweiter und dritter Mesozyklus folgt das Hypertrophietraining. Damit soll das Ziel des Muskelaufbaus gefördert werden, in den sechs Monaten wird alle vier Wochen gemessen und ein Protokoll geschrieben. Der letzte Mesozyklus ist das Maximalkrafttraining, welches zu Kraftsteigerung beitragen soll. Bei diesem Mesozyklus wird alle zwei Wochen die Maximalkraft geprüft und die Trainingsgewichte angepasst.

3 Trainingsplanung Makrozyklus

3.1 Makrozyklus

Tabelle 5: Plan Makrozyklus

	Mesozyklus 1	Mesozyklus 2	Mesozyklus 3	Mesozyklus 4
Dauer	6 Wochen	6 Wochen	6 Wochen	6 Wochen
Trainingsziel	Kraftausdauer-training	Hypertrophie-Training (extensiv)	Hypertrophie-Training (intensiv)	Maximalkraft-training
Organisationsform	GK/Station	GK/Station	GK/Station	GK/Station
Einheiten/Woche	3	3	3	3
Übungen/Muskelgruppe	1-2	1-2	1-2	1-2
Sätze	3	3	3	3
Wiederholungen	20	12	8	6
Satzpausen	60 Sek.	60 Sek.	90 Sek.	90-120 Sek.
Bewegungstempo	1-0-1	1-0-1	1-0-2	1-0-2
Intensität	60 % - 70 %	70 %- 80 %	70 %– 80 %	80 %

3.2 Begründung Trainingsmethode

Der Plan basiert auf der ILB-Methode (individuelle-Leistungsbild-Methode), um die idealen Belastungsintensitäten für die Mesozyklen zu erhalten. Wenn ich auf den Gesundheitszustand und den Leistungsstand des Probanden Bezug nehme, steht der Erstellung des Trainingsplanes nichts entgegen. Er hat bereits Trainingserfahrung gesammelt und hat auch keine gesundheitlichen Einschränkungen. Um trotz der Erfahrung eine Überbelastung zu vermeiden haben wir keinen 1-RM-Test durchgeführt. Durch die verschiedenen Trainingsziele verändert sich das Training Periodenweise, so erfolgt eine variierende Belastung und es tritt keine Trainingsmonotonie auf. Die unterschiedlichen Wiederholungs- und Intensitätsbereiche sorgen außerdem für unterschiedliche Anpassungseffekte und Defizite in den einzelnen Kraftarten bleiben aus.

3.3 Organisationsform

Um alle Muskelgruppen optimal zu trainieren, bietet sich hinsichtlich der verfügbaren Zeit des Probanden ein Ganzkörperplan an. So trainiert er dreimal die Woche alle Muskelgruppen und bekommt ausreichend Erholung durch den jeweils darauffolgenden Pausentag. Trainierende in jeder Leistungsstufe können mit einem Ganzkörperplan, mit der vorgegebenen Zeit bestmöglich trainieren.

3.4 Belastungsparameter

Die verfügbare Zeit meines Probanden liegt bei drei Tagen pro Woche á ein bis zwei Stunden. Das Training wird dementsprechend auch aus drei Einheiten bestehen. Wenn man seinen Leistungsstand berücksichtigt ist das laut Fröhlich und Schmidtbleicher (2008) eine sinnvolle Anzahl an Einheiten pro Woche, um das Muskelwachstum bei Trainierenden mit über zwei Jahren Erfahrung zu fördern. Damit eine optimale Regeneration zwischen den Trainingseinheiten gewährleistet wird, trainiert der Proband Montag, Mittwoch und Freitag, so hat er zwischen den Trainingseinheiten mindestens einen Tag Pause. Infolgedessen wird das Trainingsprinzip der optimalen Relation zwischen Belastung und Erholung gewährleistet.

Die Muskeln werden mit ein bis zwei Übungen pro Muskelgruppe belastet. Die größeren Muskelgruppen wie die Bein- oder Rückenmuskulatur werden mit zwei Übungen beansprucht, so können sie mit verschiedenen Intensitäten strapaziert werden und das wirkt sich positiv auf die Hormonausschüttung aus, also auch auf das Muskelwachstum. Die kleineren Muskelgruppen wie der Bizeps oder Trizeps werden mit jeweils einer Übung trainiert. Diese Muskeln sind schneller erschöpft. Aufgrund des Ganzkörperplans bleibt der erneute Reiz nicht lange aus.

Das Trainingsziel bestimmt den Belastungsumfang, also wie viele Wiederholungen pro Satz gemacht werden. Im Mesozyklus eins liegt der Fokus auf dem Kraftausdauertraining, daher wurde das Trainingsvolumen höher gewählt als bei den anderen Zyklen. Der Proband trainiert hier mit einem Belastungsumfang von 20 Wiederholungen á drei Sätze mit einer Intensität von 60 % - 70 %. So ist der Muskelreiz gegeben, aber das Verletzungsrisiko durch zu hohe Gewichte wird gemieden. In den Folgezyklen steigt die Intensität und der Umfang sinkt.

Die ILB-Methode gibt die Belastungsintensität quasi vor, mein Proband wird als, „Geübter" eingestuft, sollte also mit einer Intensität von 60% - 80% trainieren. (Martin, 1993) Wir haben seinen Trainingsplan trotzdem etwas angepasst, er fängt mit einer niedrigeren Intensität von 60% - 70% an und endet bei dem Maximalkrafttraining mit 80%.

3.5 Begründung Periodisierung

Der Makrozyklus meines Probanden beginnt mit einem Kraftausdauertraining. Da er bisher wenig oder gar kein Freihantel-Training betrieben hat, hat er so die Chance, sich an die Übungen und Bewegungsanläufe zu gewöhnen. Außerdem wird seine Gesamtmuskulatur gestärkt und sein Muskelgefühl verbessert sich. So weiß er, wann und wie er seine Muskeln beanspruchen sollte. Zudem kann er in den folgenden Zyklen mit einer höheren Intensität trainieren. Des Weiteren findet eine Anpassung des anaeroben-alaktaziden Stoffwechsels statt, indem sich die Kapillarisierung des Muskels verbessert und der Ermüdungswiderstand erhöht. Dieser erste Mesozyklus ist die Grundlage für meinen Probanden, um seine Ziele Muskel- und Kraftaufbau zu erreichen. Der Makrozyklus startet mit einem umfangsorientierten Training, also großer Umfang mit einer geringen Intensität und geht ab dem zweiten Mesozyklus über zu einem intensitätsorientierten Krafttraining, also trainiert er mit einem kleinen Umfang und einer hohen Intensität.

Der zweite und dritte Mesozyklus besteht jeweils aus einem Hypertrophie-Training (Zatsiorsky, 2016), erst extensiv und einmal intensiv, um den Körper so auf den letzten und intensivsten Zyklus der vier vorzubereiten. Bei dem Hypertrophietraining steht das Dickenwachstum der Muskulatur im Vordergrund. Zugleich erhöhen sich die muskulären Energiespeicher und die Anzahl der Mitochondrien in den Muskelzellen.

Das Maximalkrafttraining ist der letzte Punkt im Trainingsplan. Hier soll mein Proband seine Kraft steigern und seine Ziele erreichen. Er trainiert mit einem geringen Umfang und einer sehr hohen Intensität. So soll eine Rekrutierung der einzelnen Muskelfasern stattfinden. Die Muskeln sollen also optimal angesteuert werden.

Bei richtiger Durchführung des Trainingsplans sollte mein Proband seine Ziele in der gewünschten Zeit erreichen. Der Plan mit den einzelnen Meso- und Mikrozyklen ist so ausgerichtet, dass jedes Training und jeder Zyklus auf den Folgenden vorbereitet

4 Trainingsplanung Mesozyklus

Tabelle 6: Planung des 1. Mesozyklus

MESOZYKLUS KRAFTAUSDAUER 6 WOCHEN

DAUER	Woche 1–2	Woche 3–4	Woche 5–6
SPEZIFISCHES TRAININGSZIEL	Kraftausdauer	Kraftausdauer	Kraftausdauer
TRAININGS-EINHEITEN/WOCHE	3	3	3
ORGANISATIONS-FORMEN	Ganzkörpertraining/ Station	Ganzkörpertraining/ Station	Ganzkörpertraining/ Station
ÜBUNGEN/ MUSKELGRUPPE	1-2	1-2	1-2
SÄTZE/ÜBUNG	3	3	3
SATZPAUSE	60sek.	60sek.	60sek.
WIEDERHOLUNGEN	20	20-25	23-30
INTENSITÄT	60 %- 70 %	60 %- 70 %	60 %- 70 %
BEWEGUNGS-TEMPO	1-0-1	1-0-1	1-0-1
TRAININGSTAGE	Montag, Mittwoch, Freitag	Montag, Mittwoch, Freitag	Montag, Mittwoch, Freitag

Tabelle 7: Übungsauswahl 1. Mesozyklus

ÜBUNGSAUSWAHL

ÜBUNG	Gewicht ca.65 % Intensität	Wdh.	Gewicht ca. 70 %Intensität	Wdh.	Gewicht Ca.65%- 70 % Intensität	Wdh.
KNIEBEUGE	45,5Kg	20	50Kg	20	50Kg	23
BEINPRESSE	72Kg	20	80Kg	20	80Kg	25
BANKDRÜCKEN	42Kg	20	45Kg	20	45Kg	23
SCHRÄGBANK-DRÜCKEN KURZHANTELN	17Kg pro Hantel	20	18Kg pro Hantel	20	18Kg pro Hantel	24
RUDERN AM SEILZUG	42Kg	20	46Kg	20	46Kg	25
LATZUG AM SEILZUG	40Kg	20	45Kg	20	45Kg	25
SEITHEBEN AN DER MASCHINE	15Kg	20	17Kg	20	17Kg	25
TRIZEPSDRÜCKEN MASCHINE	17Kg	20	20Kg	20	20Kg	25
BIZEPS-CURLS AN DER MASCHINE	26Kg	20	28Kg	20	28Kg	25
CRUNCHMASCHINE	15Kg	20	15Kg	25	15Kg	30

Bei den Übungen im ersten Mesozyklus beziehe ich mich zum Großteil auf die Übungen aus dem Test. Es ist eine Mischung aus Gerätegeführten-, Seilzug- und Freihantel Übungen. Durch dieses Zusammenspiel der Übungen sollen die Muskeln optimal und aus verschiedenen Winkeln gereizt und Trainingsmonotonie vermieden werden.

Im Vordergrund des ersten Mesozyklus steht die Kraftausdauer. Das Training beginnt mit Übungen zur Stärkung der Gesamtmuskulatur, wie bspw. Kniebeuge und Bankdrücken. Hier werden die großen Muskelgruppen beansprucht. Sie sind zu diesem Zeitpunkt noch voll leistungsfähig und die Übungen können mit vollem Umfang und hohen Konzentration durchgeführt werden. Damit die Synergisten nicht frühzeitig ermüden, ist es ratsam, die Reihenfolge des Planes einzuhalten.

Die Kniebeuge sind die perfekte Übung für den kompletten Unterkörper. Das Hauptaugenmerk liegt auf der Oberschenkelmuskulatur, dem Rücken und Gesäß. Dadurch, dass es eine Freihantel-Übung ist, ist dies eine sehr komplexe Übung, sie beansprucht einen hohen Anteil der Muskelmasse und die muskuläre Koordination wird verbessert. (Eisenhut, 2013) Mit der Übung „Beinpresse" kann mehr Gewicht bewegt werden. Außerdem werden die Muskeln isoliert trainiert. Als Nächstes folgt die Übung „Bankdrücken". Diese konzentriert sich auf die Oberkörpermuskulatur. Besonders beansprucht wird hier der große Brustmuskel (m. Pectoralis Major), der dreiköpfige Armstrecker (Trizeps) sowie der vordere Anteil des Deltamuskels (Schultermuskel). Durch das freie Krafttraining soll primär das Ziel der Kraftsteigerung erreicht werden. Als Nächstes kommt die Übung „Schrägbankdrücken". Sie reizt den großen Brustmuskel noch einmal aus einem anderen Winkel. Für den oberen Anteil des Rückens folgen die nächsten zwei Übungen. „Rudern" und „Latziehen" trainieren die komplette obere Rückenmuskulatur, vor allem der breite Rückenmuskel (m. Latissimus dorsi)wird gereizt, der Kapuzenmuskel und der hintere Anteil des Deltamuskels werden hierbei beansprucht. Da der Proband mit den Brust- und Rückenübungen den vorderen und hinteren Anteil des Deltamuskels ausreichend reizt, trainiert er den mittleren Anteil isoliert mit der Übung „Seitheben an der Maschine".

Ebenso werden der m. bizeps brachii und der m.trizeps brachii isoliert trainiert. Die Übungen für diese Muskeln sollen dem Probanden dabei helfen, sein Ziel des Muskelaufbaus an den Oberarmen zu erreichen. Das Training wird mit „Crunches" abgeschlossen. Diese Übung ist hauptsächlich für die geraden Bauchmuskeln. Mein Proband möchte rein aus optischen Gründen seine Bauchmuskeln verstärkt trainieren. Zugleich ist die Muskulatur im Bauch und im unteren Rücken wichtig für eine aufrechte Körperhaltung.

Aufgrund der zeitlichen Verfügbarkeit von drei Tagen in der Woche fiel die Entscheidung auf ein Ganzkörpertraining. So werden alle Muskelgruppen ausreichend und dreimal die Woche gereizt. Er hat durch die Aufteilung des Trainings genug Zeit, sich zwischen jeder Einheit zu regenerieren.

Das Training verläuft generell als Stationstraining. Damit ist gemeint, dass die Übung erst gewechselt wird, wenn die Sätze vollständig abgeschlossen sind. Der Muskel erfährt so einen stärkeren Reiz und seine Ermüdungsschwelle soll so von Training zu Training verlängert werden. (Rößling, 2010)

5 Literaturrecherche

Tabelle 8: Zwei Studien zum Thema Effekte des Krafttrainings bei
Rückenbeschwerden

	Auswertung Studie 1	Auswertung Studie 2
Durchführung der Studie	D. Kirchhoff, I. Böckelmann — Bereich Arbeitsmedizin der Medizinischen Fakultät, Otto-von-Guericke-Universität Magdeburg S. Kopf — Centrum für Muskuloskeletale Chirurgie, Charité – Universitätsmedizin Berlin	Stephan A, Goepel S — Abteilung Forschung und Entwicklung, Kieser Training AG Schmidtbleicher D, — Institut für Sportwissenschaften der Johann Wolfgang Goethe-Universität Frankfurt /Main
Publikation	10.Juli 2015	2011
Forschungsfragen	Was ist der Unterschied zwischen Krafttrainingstherapie und Krafttrainingstherapie mit zusätzlicher pädagogisch-psychologischer - Interventionen bei chronischen Rückenschmerzen. Verbesserung Angst-Vermeidungsverhalten und Rückenschmerzen	Wie wirkt sich apparatives Krafttraining bei Personen mit chronischen Rückenschmerzen aus?
Versuchsperson zur Studien-durchführung	• 64 männliche Polizeibeamte mit chronischen lumbalen Rückenschmerzen • 32 in der Kontrollgruppe (KG) mit 24 isolierten Krafttrainingstherapien • 32 in der Experimentalgruppe (EG) erhielten zusätzlich pädagogisch-psychologischer Interventionen	• Trainingsgruppe (TG): 58 Teilnehmer in 45 Einrichtungen • Kontrollgruppe(KG): 16 Teilnehmer in 16 Einrichtungen • Probanden hauptsächlich mit chronischen Rückenschmerzen, Chronifizierungsgrad 1 bis 2 • Moderates Schmerzniveau

		• Schmerzen seit mehr als 12 Wochen oder seit 2 Jahren mind. zwei rezidivierenden Schmerzschüben pro Jahr • Befähigung zum eigenständigen Krafttraining nach Einschätzung des Arztes
Versuchsablauf	• Vor Beginn und nach Beendigung erfolgt Evaluation der Kraft der Rumpfmuskulatur und des Angst-, Vermeidungsverhalten • Einschätzung erfolgt durch einen FABQ (Avoidance-Beliefs-Questionnaire) (Fragebogen) und • Lumbalen Schmerzintensität mittels visuelle Analogskala (VAS)	• <u>Trainingsgruppe</u> absolvierte progressives Hypertrophie Training an Maschinen mit variablem Widerstand • Ziel: Funktions- und Strukturverbesserung der Muskulatur, besonders im Rumpf • In ersten der Trainingseinheiten → Einweisung durch geschultes Personal • Nach 10. Und jeder 20. Einheit → individuelle Trainingskontrolle und evtl. Anpassung • <u>Kontrollgruppe</u> erhielt während Interventionszeit keine Trainingsmaßnahmen • Konnte anschließend aber 6 Monate kostenfrei trainieren

Ergebnis	• Patienten beider Gruppen verbesserten Rumpfmuskulatur und Angst-Vermeidungsverhalten • Hatten weniger Schmerzen • EG war signifikant besser als KG	• Trainingszeitraum durchschnittlich: 24,5 Wochen • Im Durchschnitt 1,6/Woche trainiert (min. 0,7 – max. 2,4) • TG: 20 Personen nach Intervention schmerzfrei, 9 davon hatten vorher mäßig/starke Schmerzen • KG:6 Personen schmerzfrei, 3 zuvor leichte/mäßige Schmerzen • Keiner der schmerzfreien unterzog sich in Interventionsphase medizinischen Behandlungen
Schlussfolgerung	• Geräte gestütztes Krafttraining der Rumpfmuskulatur kann chronisch lumbale Rückenschmerzen lindern • Durch zusätzliche pädagogisch-psychologischer Interventionen wird dieser Effekt signifikant verstärkt	• Eigenständiges GK-Training (Frequenz: 6x/Monat) eignet sich für Personen mit chronischen Rückenschmerzen im Anfangsstadium • Schmerzsenkung, Beeinträchtigungserleben reduzieren, körperliche Inaktivität überwinden, Kraft aufbauen

(Kirchhoff, 2016) (Stephan, 2011)

6   Literaturverzeichnis

Eifler, C. (2000). Krafttraining nach der ILB-Methode --Eine empirische Überprüfung der Trainingseffekte bei Anfängern und Fortgeschrittenen . Universität des Saarlandes, Saarbrücken .

Eifler, C. (2013). Empirische Überprüfung der Effekte verschiedener Ansätze zur Intensitätssteuerung im fitnessorientierten Krafttraining. . Universität des Saarlandes, Saarbrücken.

Eisenhut, A. &. (2013). *Ausdauertraining. Grundlagen, Methoden, Trainingssteuerung (Sportwissen, 8. Aufl.).* . München: BLV.

Friedmann, B. (2007). Neuere Entwicklungen im Krafttraining.Muskuläre Anpassungsreaktionen bei verschiedenen Krafttrainingsmethoden. . *Deutsche Zeitschrift für Sportmedizin,* S. 12-18.

Kirchhoff, D. K. (2016). Krafttrainingstherapie bei (Friedmann, 2007)männlichen Polizeibeamten mit chronischen lumbalen Rückenschmerzen. . *Zentralblatt für Arbeitsmedizin, Arbeitsschutz und Ergonomie,* S. 10-19.

Marschall, F. (1999). Zusammenhang von Maximalkraft und maximaler Wiederholungszahl bei submaximalen Intensitäten. Zusammenhang von Maximalkraft und maximaler Wiederholungszahl bei submaximalen Intensitäten. *Deutsche Zeitschruft für Spotmedizin,* S. 28.

Rößling, F. (2010).). *Fitnesstrainer B-Lizenz: Trainingsplanung im Krafttraining nach der ILB-Methode.* . München: GRIN Verlag.

Stephan, A. G. (2011). Effekte maschinengestützten Krafttrainings in der Behandlung chronischen Rückenschmerzes. . *Deutsche Zeitschrift für Sportmedizin,* .

Zatsiorsky, V. &. (2016). *Krafttraining: Praxis und Wissenschaft (4. Aufl.).* Aachen: Meyer & Meyer Verlag.

Zimmer, M. (1999). Entwicklung und Erprobung eines Mehrwiederholungstest zur Erfassung der Kraftleistung im Fitnesstraining. Universität des Saarlandes.

7 Tabellenverzeichnis